R 13348

Amsterdam
1740

Voltaire

La Métaphysique de Neuton

LA
MÉTAPHYSIQUE
DE
NEUTON,
OU
PARALLELE
DES
SENTIMENS
DE
NEUTON ET DE **LEIBNITZ**.
PAR MR. DE VOLTAIRE.

Cet Ouvrage, qui renferme beaucoup de choses très-instructives dans sa petitesse, peut servir de Supplément aux Elémens de la Philosophie de Neuton *que le même Auteur a publiés.*

A AMSTERDAM,
Chez JAQUES DESBORDES.
M. DCC. XL.

AVIS AU PUBLIC.

Suivant la distribution de l'Auteur, ce petit Ouvrage devroit avoir une Suite, & c'étoit même le dessein des Editeurs, lorsqu'on l'a distingué par PREMIERE PARTIE ; mais on leur a conseillé de supprimer la Seconde qui concerne la Lumière, & la Troisième qui traite de la Gravitation. Un habile Homme,

AVIS AU PUBLIC.

qu'ils ont consulté sur leur Copie, leur a fait voir clairement, que ce qu'ils se proposoient de publier comme nouveau, n'est, à proprement parler, qu'un Thême en deux façons des ELÉMENTS DE LA PHILOSOPHIE DE NEUTON qu'ils ont imprimés; & que ce seroit tromper honteusement le Public, de lui faire acheter deux fois la même chose. Comme lesdits Editeurs le respectent trop, pour abuser ainsi de sa Confiance, ils ont cru qu'il étoit de leur devoir de lui donner cet avis, afin qu'il se prémunisse contre les pièges, que quelqu'un de leurs

Con-

AVIS AU PUBLIC.

Confrères, moins scrupuleux & plus hardi qu'eux, pourroit lui tendre à cet égard, sous des Titres faux ou déguisés.

Quant à ce petit Traité, qui n'a point encore vu le jour, l'Auteur ne s'y est point amusé à rapporter de vaines Anecdotes, dont plusieurs personnes aiment à repaître leur curiosité sur ce qui regarde les Hommes extraordinaires. Il ne s'est attaché qu'à faire connoître ce que Neuton pensoit en MÉTAPHYSIQUE; & cet Ouvrage doit être d'autant plus utile, qu'il est à croire, que ce fameux

AVIS AU PUBLIC.

meux ANGLAIS, *qui a découvert tant de Vérités admirables dans le Monde sensible, ne s'est pas beaucoup égaré dans le Monde intellectuel. C'est au Lecteur éclairé à juger de son mérite.*

LA MÉTAPHYSIQUE.

PREMIERE PARTIE.

CHAPITRE I.

De Dieu.

NEUTON étoit intimement persuadé de l'Existence d'un Dieu, & il entendoit par ce mot non-seulement un Etre infini, tout-puissant, éternel & créateur, mais un Maître qui a mis une relation entre lui & ses créatures; car sans cette relation la connoissance d'un Dieu n'est qu'une idée stérile qui laisse le Genre Humain sans morale & sans vertu.

Aussi ce grand Philosophe fait une remarque singulière à la fin de ses Principes : c'est qu'on ne dit point, *mon Eternel*, *mon Infini*, parce que ces attributs n'ont rien de relatif à notre nature, mais on dit & on doit dire, MON DIEU ; & par-là il faut entendre le Maître & le Conservateur de notre vie, & l'objet de nos pensées. Je me souviens que dans plusieurs conférences que j'eus en 1726 avec le Docteur Clarke, jamais ce Philosophe ne prononçoit le nom de Dieu, qu'avec un air de receuillement & de respect très-remarquable. Je lui avouai l'impression que cela faisoit sur moi ; & il me dit que c'étoit de Neuton, qu'il avoit pris insensiblement cette coutume laquelle doit être en effet celle de tous les hommes.

Toute la Philosophie de Neuton conduit nécessairement à la connoissance d'un Etre suprème qui a tout créé, tout arrangé librement. Car si selon Neuton (& selon la Raison) le Monde est fini, s'il y a du vuide, la Matière n'existe donc pas nécessairement ; elle a donc reçu l'existence d'une Cause libre. Si la Matière gravite, comme cela est démontré, elle ne gravite pas de sa nature ; elle a donc reçu de Dieu la gravitation. Si

les

les Planetes tournent en un fens, plutôt qu'en un autre, dans un Efpace non réfiftant, la main de leur Créateur a donc dirigé leurs cours en ce fens avec une liberté abfolue.

Il s'en faut bien que les prétendus Principes Phyfiques de Defcartes conduifent ainfi l'Efprit à la connoiffance de fon Créateur. A Dieu ne plaife que, par une calomnie horrible, j'accufe ce grand Homme d'avoir méconnu la fuprême Intelligence à laquelle il devoit tant, & qui l'avoit élevé au-deffus de prefque tous les hommes de fon Siècle. Je dis feulement que l'abus qu'il a fait quelquefois de fon efprit, a conduit fes Difciples à des précipices dont il étoit fort éloigné: je dis que le Syftême Cartéfien a produit celui de Spinofa : je dis que j'ai connu beaucoup de perfonnes que le Cartéfianifme a conduits à n'admettre d'autre Dieu que l'immenfité des chofes ; & que je n'ai vu au contraire aucun Neutonien qui ne fût Théifte dans le fens le plus rigoureux.

Dès qu'on s'eft perfuadé, avec Defcartes, qu'il eft impoffible que le Monde foit fini, que le Mouvement est toujours dans la même quantité : dès qu'on ose dire, donnez-moi du mouvement & de la matière, & je vais faire un Monde; alors, il le faut avouer, ces idées fausses excluent par des conséquences trop justes l'idée d'un Etre seul infini, seul Auteur du mouvement, seul Auteur de l'organisation des Substances.

Plusieurs personnes s'étonneront ici peut-être, que de toutes les preuves de l'existence d'un Dieu, celle des Causes finales fût la plus forte aux yeux de Neuton. Le dessein, ou plutôt les desseins variés à l'infini, qui éclatent dans les plus vastes & les plus petites parties de l'Univers, font une démonstration qui à force d'être sensible, en est presque méprisée par quelques Philosophes; mais enfin Neuton pensoit que ces rapports infinis, qu'il appercevoit plus qu'un autre, étoient l'Ouvrage d'un Artisan infiniment habile.

Raisons que tous les Esprits ne goûtent pas. Il ne goûtoit pas beaucoup la grande preuve qui se tire de la succession des Etres. On dit communément que si les Hommes, les Animaux, les Végétaux, tout ce qui compose le Monde étoit éternel, on seroit forcé d'ad-

CHAPITRE I.

d'admettre une suite de générations sans Cause. Ces Etres, dit-on, n'auroient point d'origine de leur existence. Ils n'en auroient point d'extérieure, puisqu'ils sont supposés remonter de génération en génération sans commencement : ils n'en auroient point d'intérieure, puisqu'aucun d'eux n'existeroit par soi-même ; ainsi tout seroit effet & rien ne seroit Cause.

Il trouvoit que cet Argument étoit fondé sur l'équivoque de *générations* & *d'êtres formés les uns par les autres* : car les Athées qui admettent le Plein, répondent qu'à proprement parler il n'y a point de générations ; il n'y a point d'êtres produits, il n'y a point plusieurs Substances. L'Univers est un Tout, existant nécessairement, qui se développe sans cesse : c'est un même Etre, dont la nature est d'être immuable dans sa substance, & éternellement varié dans ses modifications ; ainsi l'Argument tiré seulement des Etres qui se succedent prouveroit peut-être peu contre l'Athée qui nieroit la pluralité des Etres. Il faudroit donc le combattre avec d'autres armes : il faudroit lui prouver que la Matière ne peut avoir d'elle-même aucun mouvement :

Raisons des Matérialistes.

ment: il faudroit lui faire entendre que si elle avoit le moindre mouvement par elle-même, ce mouvement lui seroit essentiel; il seroit alors contradictoire qu'il y eût du repos. Mais si l'Athée répond qu'il n'y a rien en repos, que le repos est une fiction, une idée incompatible avec la nature de l'Univers: qu'une Matière infiniment déliée circule éternellement dans tous les pores des Corps: s'il soutient qu'il y a toujours également des forces motrices dans la Nature, & que cette permanente égalité de forces semble prouver un mouvement nécessaire; alors il faut encore recourir contre lui à d'autres armes, & il peut prolonger le combat. En un mot, je ne sai s'il y a aucune preuve Métaphysique plus frapante, & qui parle plus fortement à l'Homme, que cet ordre admirable qui règne dans le Monde; & si jamais il y a eu un plus bel Argument que ce Verset: *Cœli enarrant gloriam Dei.* Aussi vous voyez que Neuton n'en apporte point d'autre à la fin de son Optique & de ses Principes.

Je suppose que plusieurs Etres pensans & très-raisonnables vivent quinze jours seulement, & cela dans une Isle du Nord, où il y ait,

ait, ce qui arrive quelquefois, huit jours de glace & de Brume vers la fin du mois de Mai : qu'à cette gelée fuccèdent trois ou quatre jours d'un Soleil ardent & d'un Chaud exceffif : qu'un grand vent furvienne qui abatte tous les arbres & amene des Infectes qui ravagent les moiffons & les fruits : qu'il y ait pendant ces quinze jours un quartier de Lune très-brillante, enfuite une Eclipfe de Soleil : qu'après on perde long-tems de vûe ces Aftres : qu'un tremblement de terre furvienne, qu'une partie des habitans en foit engloutie dans la terre : qu'une autre meure de faim & de maladie : qu'une autre foit dévorée par les Bêtes féroces ; alors ces Etres raifonnables, ne trouvant dans ce Chaos d'horreurs que confufion & malfaifance, croiront-ils volontiers des Argumens Métaphyfiques qui prouvent un Etre fouverainement fage & bienfaifant ? Placez les au contraire dans nos Climats, & donnez leur une vie affez longue pour fuivre & admirer le cours régulier des Aftres, pour entrer dans le détail immenfe des biens prodigués autour de nous & dans nous, pour voir par tout des principes & des conféquences & des bienfaits infinis ; y aura-t-il alors quelque Argument

ment Métaphysique plus fort que ce qu'ils auront vu ? On m'a affûré que Neuton, ne trouvoit point de raisonnement plus convaincant & plus beau en faveur de la Divinité, que celui de Platon qui fait dire à un de ses Interlocuteurs : Vous jugez que j'ai une Ame intelligente, parce que vous appercevez de l'ordre dans mes paroles & dans mes actions ; jugez donc, en voyant l'ordre de ce Monde, qu'il y a une Ame souverainement intelligente.

CHAPITRE II.

De l'Espace & de la Durée comme propriétés de Dieu.

Neuton regarde l'Espace & la Durée comme deux Etres dont l'existence découle nécessairement de Dieu même.

Car l'Etre infini est en tout lieu, donc tout lieu existe: l'Etre éternel dure de toute éternité, donc une durée éternelle est réelle.

Il étoit échappé à Neuton de dire à la fin de ses Questions d'Optique: *Ces Phénomènes de la Nature ne font-ils pas voir qu'il y a un Etre incorporel vivant, intelligent, présent par-tout, qui dans l'Espace infini, comme dans son sensorium, voit, discerne & comprend tout de la manière la plus intime & la plus parfaite?*

Le célèbre Philosophe Leibnitz, qui avoit auparavant reconnu avec Neuton la réalité de l'Espace pur, & de la Durée, mais qui depuis long-tems n'étoit plus d'aucun avis de Neuton, & qui s'étoit mis en Allemagne à

Neuton attaqué par Leibnitz.

la tête d'une Ecole oppofée, attaqua ces expreſſions du Philoſophe Anglois dans une Lettre qu'il écrivit en 1715 à la feue Reine d'Angleterre, Epouſe de George Second. Cette Princeſſe digne d'être en Commerce avec Leibnitz & Neuton, engagea une diſpute réglée par Lettres entre les deux parties; mais Neuton ennemi de toute diſpute, & avare de fon tems, laiſſa le Docteur Clarke, fon Diſciple en Phyſique, & pour le moins fon égal en Métaphyſique, entrer pour lui dans la lice. La diſpute roula fur preſque toutes les idées Métaphyſiques de Neuton; & c'eſt peut-être le plus beau monument que nous ayons des combats Littéraires.

Clarke commença par juſtifier la comparaiſon priſe du *ſenſorium* dont Neuton s'étoit ſervi : il établit que nul Etre ne peut agir, connoître, voir où il n'eſt pas ; or Dieu agiſſant, voyant par-tout, agit & voit dans tous les points de l'Eſpace, qui en ce ſens ſeul peut être conſideré comme ſon *ſenſorium*, attendu l'impoſſibilité où l'on eſt en toute Langue de s'exprimer quand on oſe parler de Dieu.

Leib-

Leibnitz soutient que l'*Espace* n'est rien, sinon la relation que nous concevons entre les Etres coéxistans ; rien, sinon l'ordre des Corps, leur arrangement, leurs distances. Clarke, après Neuton, soutient que si l'Espace n'est pas réel, il s'ensuit une absurdité; car si Dieu avoit mis la Terre, la Lune & le Soleil à la place où sont les Etoiles fixes, pourvû que la Terre, la Lune & le Soleil fussent entr'eux dans le même ordre où ils sont, il suivroit delà que la Terre, la Lune & le Soleil seroient dans le même lieu où ils sont aujourd'hui; ce qui est une contradiction dans les termes.

Sentiment de Leibnitz.

Il faut, selon Neuton, penser de la Durée comme de l'Espace, que c'est une chose très-réelle : car si la durée n'étoit qu'un ordre de succession entre les Créatures, il s'ensuivroit que ce qui se feroit aujourd'hui, & ce qui se fit il y a des milliers d'années, seroient en eux-mêmes faits dans le même instant; ce qui est encore contradictoire.

Sentiment & raisons de Neuton.

Enfin l'Espace & la Durée sont des quantités; c'est donc quelque chose de très positif.

Il est bon de faire attention à cet ancien Argument auquel on n'a jamais répondu : Qu'un homme aux bornes de l'Univers étende son bras, ce bras doit être dans l'espace pur, car il n'est pas dans le rien ; & si l'on répond qu'il est encore dans la Matière, le Monde en ce cas est donc infini, le Monde est donc Dieu.

L'Espace pur, le Vuide, existe donc aussi bien que la Matière, & il existe même nécessairement ; au-lieu que la Matière n'existe que par la libre volonté du Créateur.

Matière infinie impossible. L'existence de la Matière infinie est au fond une contradiction dans les termes. Mais, dira-t-on, vous admettez un Espace immense, infini ; pourquoi n'en ferez-vous pas autant de la Matiere ? Voici la différence. L'Espace existe nécessairement, parce que Dieu existe nécessairement ; il est immense, il est, comme la durée, un mode, une proprieté infinie d'un Etre nécessaire, infini. La Matière n'est rien de tout cela : elle n'existe point nécessairement : & si cette Substance étoit infinie, elle seroit ou une proprieté essentielle de Dieu, ou Dieu même :
or

CHAPITRE II.

or elle n'eſt ni l'un ni l'autre; elle n'eſt donc pas infinie & ne ſauroit l'être.

J'inférerai ici une remarque qui me paroît mériter quelque attention.

Deſcartes admettoit un Dieu créateur & Cauſe de tout ; mais il nioit la poſſibilité du *Vuide*. Epicure nioit un Dieu créateur & Cauſe de tout, & il admettoit le *Vuide*; or c'étoit Deſcartes qui par ſes principes devoit nier un Dieu créateur, & c'étoit Epicure qui devoit l'admettre. En voici la preuve évidente. [Epicure devoit admettre un Dieu créateur & gouverneur.]

Si le Vuide étoit impoſſible, ſi la Matière étoit infinie, ſi l'Etendue & la Matière étoient la même choſe, il faudroit que la Matière fût néceſſaire: or ſi la Matière étoit néceſſaire, elle exiſteroit par elle-même d'une néceſſité abſolue, inhérente dans ſa nature primordiale, antécédente à tout; donc elle feroit Dieu, donc celui qui admet l'impoſſibilité du *Vuide*, doit, s'il raiſonne conſéquemment, ne point admettre d'autre Dieu que la Matière.

Au

Au contraire, s'il y a du vuide, la Matière n'est donc point un Etre nécessaire existant par lui-même &c. donc elle a été créée : donc c'étoit à Epicure à croire, je ne dis pas des Dieux inutiles, mais un Dieu créateur & gouverneur, & c'étoit à Descartes à le nier. Pourquoi donc au contraire Descartes a-t-il toujours parlé de l'existence d'un Etre créateur & conservateur, & Epicure l'a-t-il rejetté ? C'est que les hommes dans leurs sentimens, comme dans leur conduite, suivent rarement leurs Principes, & que leurs Systêmes, ainsi que leurs vies, sont des contradictions.

L'Espace est une suite nécessaire de l'Existence de Dieu. Dieu n'est, à proprement parler, ni dans l'Espace ni dans un Lieu ; mais Dieu étant nécessairement par-tout, constitue par cela seul l'Espace immense & le lieu. De même la Durée, la permanence éternelle, est une suite indispensable de l'Existence de Dieu : il n'est ni dans la durée infinie, ni dans un tems, mais existant éternellement, il constitue par-là l'Eternité & le Tems.

Propriétés
L'Espace immense, étendu, inséparable, peut

CHAPITRE II.

peut être conçu en plusieurs portions : par exemple, l'Espace où est Saturne, n'est pas l'Espace où est Jupiter ; Mais on ne peut séparer ces parties conçues, on ne peut mettre l'une à la place de l'autre, comme on peut mettre un Corps à la place d'un autre.

de l'Espace pur, & de la Durée.

De même la Durée infinie, inséparable, & sans parties, peut être conçue en plusieurs portions, sans que jamais on puisse concevoir une portion de durée mise à la place d'une autre ; les Etres existent dans une certaine portion de la Durée qu'on nomme *Tems*, & peuvent exister dans tout autre *tems*; mais une partie conçue de la durée, un tems quelconque ne peut être ailleurs qu'où il est; le passé ne peut être avenir.

L'Espace & la Durée sont deux attributs nécessaires, & immuables, de l'Etre éternel & immense.

Dieu seul peut connoître tout l'Espace, Dieu seul peut connoître toute la Durée : nous mesurons quelques parties, improprement dites, de l'Espace, par le moyen des Corps étendus

tendus que nous touchons ; nous meſurons des parties, improprement dites, de la Durée par le moyen des mouvemens que nous appercevons.

<small>Neuton d'accord avec Gaſſendi.</small> On n'entre point ici dans le détail des preuves Phyſiques, réſervées pour d'autres Chapitres, il ſuffit de remarquer qu'en tout ce qui regarde l'Eſpace, la Durée, les bornes du Monde, Neuton ſuivoit les anciennes opinions de Démocrite, d'Epicure, & d'une foule de Philoſophes rectifiée par notre célèbre Gaſſendi. Neuton a dit pluſieurs fois à quelques Français qui vivent encore, qu'il regardoit Gaſſendi, comme un Eſprit très-juſte & très-ſage, & qu'il faiſoit gloire d'être entiérement de ſon avis dans toutes les choſes dont on vient de parler. Ainſi quand Neuton admit l'Eſpace ou le Vuide, & la Durée, dans le ſens qu'on vient d'expliquer, quand il crut le Monde fini, & qu'il admit des parties de matière inſécables, des Atômes, comme nous le dirons, ce n'étoit point du tout en lui l'envie d'inventer un Syſtème nouveau, puiſque ces opinions ont été reçues de tous les tems ; ce n'étoit point le vain deſir d'établir une Philoſophie contraire à celle

celle des Français, comme quelques-uns l'ont prétendu, puisque Gaffendi étoit Français. Je puis affirmer qu'il n'en a fait que chercher la vérité avec la plus grande sincerité dont le cœur humain soit capable, & avec les plus grandes lumières que jamais Dieu ait accordées à un homme.

CHAPITRE III.

De la Liberté dans Dieu, & du grand Principe de la raison suffisante.

NEUTON soutenoit que Dieu infiniment libre, comme infiniment puissant, a fait beaucoup de choses qui n'ont d'autre raison de leur existence que sa seule volonté.

Par exemple, que les Planetes se meuvent d'Occident en Orient plutôt qu'autrement, qu'il y ait un tel nombre d'Animaux, d'Etoilles, de Mondes, plutôt qu'un autre, que l'Univers fini soit dans un tel ou tel point de l'Espace, &c. la volonté de l'Etre suprême en est sa seule raison.

Principes de Leibnitz. Leibnitz prétendoit le contraire & se fondoit sur un ancien Axiome employé autrefois par Archimede. *Rien ne se fait sans cause ou sans raison suffisante*, disoit-il, *& Dieu a fait en tout le meilleur, parce que s'il ne l'avoit pas fait comme meilleur, il n'eut pas eu raison de le faire.* Mais il n'y a point de meilleur dans les choses indifférentes, disoient les Neutoniens.

CHAPITRE III.

niens. Mais il n'y a point de chofes indiffé- | Pouffez peut-être trop loin.
rentes répondoient les Leibnitiens. Votre idée
même a la fatalité abfolue, difoit Clarke:
Vous faites de Dieu un Etre qui agit par né-
ceffité, & par conféquent un Etre purement
paffif : ce n'eft plus Dieu. Votre Dieu,
répondoit Leibnitz eft un Ouvrier capricieux
qui fe détermine fans raifon fuffifante. La
Volonté de Dieu eft la raifon, répondoit
l'Anglois. Leibnitz infiftoit & faifoit des at-
taques très-fortes en cette manière.

Nous ne connoiffons point deux Corps en- | Ses raifonnemens très-féduifans.
tièrement femblables dans la Nature, & il
ne peut en être; car s'ils étoient femblables,
premièrement cela marqueroit dans Dieu
tout-puiffant & tout fécond, un manque de
fécondité & de puiffance ; en fecond lieu, il
n'y auroit nulle raifon pourquoi l'un feroit à
cette place plutôt que l'autre.

Les Neutoniens répondoient :
Premièrement, il ne paroît pas vrai que plu- | Réponfe.
fieurs Etres femblables marquent de la ftéri-
lité dans la puiffance du Créateur. Car fi les
Elémens des chofes doivent être abfolument
femblables pour produire des effets femblables :

bles : fi, par exemple, les Elémens des rayons éternellement rouges de la Lumière, doivent être les mêmes pour donner ces rayons rouges : fi les Elémens de l'Eau doivent être les mêmes pour former l'Eau ; cette parfaite reſſemblance, cette identité, loin de déroger à la grandeur de Dieu, eſt un des plus beaux témoignages de ſa puiſſance & de ſa ſageſſe.

Si j'oſois ici ajouter quelque choſe aux Argumens d'un Clarke & d'un Neuton, & prendre la liberté de diſputer contre un Leibnitz ; je dirois qu'il n'y a qu'un Etre infiniment puiſſant qui puiſſe faire des choſes parfaitement ſemblables. Quelque peine que prenne un homme à faire de tels Ouvrages, il ne pourra jamais y parvenir, parce que ſa vûe ne ſera jamais aſſez fine pour diſcerner les inégalités des deux Corps : il faut donc voir juſque dans l'infinie petiteſſe pour faire toutes les parties d'un Corps ſemblables à celles d'un autre ; c'eſt donc le partage unique de l'Etre infini.

Nouvelle inſtan- Secondement, peuvent dire encore les Neutoniens, nous combattons Leibnitz par ſes propres armes. Si les Elémens des choſes fes font tous différens, fi les premières parties d'un rayon rouge ne font pas entièrement femblables , il n'y a plus alors de *raifon fuffifante* pourquoi des parties différentes donnent toujours une couleur invariable.

ce contre le Principe des indifcernables.

En troifième lieu, fi vous demandez la raifon fuffifante pourquoi cet atôme, A, eft dans un lieu & cet atôme, B, entièrement femblable, eft dans un autre ; la raifon en eft dans le Mouvement qui les pouffe. Et fi vous demandez quelle eft la raifon de ce mouvement, ou bien vous étes forcé de dire que ce mouvement eft néceffaire, ou vous devez avouer que Dieu l'a commencé ; fi vous demandez enfin pourquoi Dieu l'a commencé ? Quelle autre raifon fuffifante en pouvez vous trouver, finon qu'il faloit que Dieu ordonnât ce mouvement pour éxécuter les Ouvrages qu'avoit projettez fa fageffe ? Mais pourquoi ce mouvement à droite plutôt qu'à gauche, vers l'Occident plutôt que vers l'Orient ? en ce point de la Durée plutôt qu'en un autre point ? Ne faut-il pas alors recourir à la volonté d'indifférence dans le Créateur ? C'eft ce qu'on laiffe à examiner à tout Lecteur impartial.

B 3 CHA-

CHAPITRE IV.

De la Liberté dans l'Homme.

SELON Neuton & Clarke, l'Etre infiniment libre a communiqué à l'Homme, sa créature, une portion limitée de cette liberté ; & on n'entend pas ici par Liberté, la simple puissance d'appliquer sa pensée à tel ou tel objet, & de commencer le mouvement ; on n'entend pas seulement la faculté de *vouloir*, mais celle de *vouloir* très-librement avec une volonté pleine & efficace, & de vouloir même quelquefois sans autre raison que sa volonté. Il n'y a aucun homme sur la Terre, qui ne sente quelquefois qu'il possède cette liberté. Plusieurs Philosophes pensent d'une manière opposée : ils croient que toutes nos actions sont nécessitées, & que nous n'avons d'autre liberté que celle de porter quelquefois de bon gré les fers auxquels la fatalité nous attache.

<small>Excellent Ouvrage contre la Liberté.</small>

De tous les Philosophes qui ont écrit hardiment contre la Liberté, celui qui, sans contredit, l'a fait avec plus de méthode, de force

&

& de clarté, c'est Collens Magistrat de Londres, Auteur du Livre de la Liberté de Penser, & de plusieurs autres Ouvrages aussi hardis que Philosophiques,

Si bon que le Docteur Clarke y répondit par des injures.

Clarke qui étoit entièrement dans le sentiment de Neuton sur la Liberté, & qui d'ailleurs en soutenoit les droits autant en Théologien d'une Secte singulière qu'en Philosophe, répondit vivement à Collens, & mêla tant d'aigreur à ses raisons, qu'il fit croire qu'au moins il sentoit toute la force de son Ennemi. Il lui reproche de confondre toutes les idées, parce que Collens, appelle l'Homme un Agent nécessaire : il dit qu'en ce cas l'Homme n'est point Agent ; mais qui ne voit que c'est-là une vraye chicane ? Collens, appelle *Agent*, tout ce qui produit des effets nécessaires : qu'on l'appelle agent ou patient qu'importe ? Le point est de savoir s'il est déterminé nécessairement.

Il me semble pour moi, que si l'on peut trouver un seul cas où l'Homme soit véritablement libre d'une liberté d'indifférence ; cela seul suffit pour décider la question. Or quel cas prendrons-nous, sinon celui où l'on

Liberté d'indifférence.

l'on voudra éprouver notre liberté. Par exemple, on me propose de me tourner à droite ou à gauche, ou de faire telle autre action à laquelle aucun plaisir ne m'entraîne, & dont aucun dégoût ne me détourne : je choisis alors, & certainement je ne suis pas le *dictamen* de mon Entendement qui me représente le meilleur, car il n'y a ici ni meilleur, ni pire; que fais-je donc? J'exerce le droit que m'a donné le Créateur de vouloir & d'agir en certains cas, sans autre raison que ma volonté même. J'ai le droit & le pouvoir de commencer le mouvement, & de le commencer du côté que je veux. Si l'on ne peut assigner en ce cas d'autre cause de ma volonté, pourquoi la chercher ailleurs que dans ma volonté même? Il paroît donc probable que nous avons la liberté d'indifférence dans les choses indifférentes. Car qui pourra dire que Dieu ne nous a pas fait, ou n'a pas pu nous faire ce présent? Et s'il l'a pu, & si nous sentons en nous ce pouvoir, comment assûrer que nous ne l'avons pas? J'ai souvent entendu traiter de chimère cette liberté d'indifférence : on dit que se déterminer sans raison ne seroit que le partage des insensés; mais on ne songe pas que

CHAPITRE IV.

que les infenfés font des malades qui n'ont aucune liberté. Ils font déterminés néceffairement par le vice de leurs organes, ils ne font point les maîtres d'eux-mêmes, ils ne choififfent rien ; celui-là eft libre qui fe détermine foi-même. Or pourquoi ne nous déterminerons-nous pas nous-mêmes, par notre feule volonté, dans les chofes indifférentes ?

Nous poffédons la liberté de fpontanéïté, dans tous les autres cas , c'eft-à-dire que lorfque nous avons des motifs, notre volonté fe détermine par eux ; & ces motifs font toujours le dernier réfultat de l'Entendement. Ainfi quand mon Entendement fe repréfente qu'il vaut mieux pour moi obéir à la Loi que la violer, j'obéis à la Loi avec une liberté fpontanée , je fais volontairement ce que le dernier *dictamen* de mon Entendement m'oblige de faire.

Liberté de fpontanéité.

On ne fent jamais mieux cette efpèce de liberté que quand notre volonté combat nos defirs. J'ai une paffion violente, mais mon Entendement conclut que je dois réfifter à cette paffion: il me repréfente un plus

grand bien dans la victoire que dans l'asser-
vissement à mon goût ; ce dernier motif
l'emporte sur l'autre, & je combats mon
desir par ma volonté. J'obéis nécessairement, mais de bon gré, à cet ordre de ma
Raison : je fais non ce que je desire, mais
ce que je veux ; & en ce cas je suis libre de
toute la liberté dont une telle circonstance
peut me laisser susceptible.

Privation de liberté chose très-commune.

Enfin, je ne suis libre en aucun sens
quand ma passion est trop forte & mon Entendement trop foible, ou quand mes organes sont dérangés ; & malheureusement c'est
le cas où se trouvent très-souvent les hommes. Ainsi il me paroît que la liberté spon-
tanée est à l'Ame ce que la santé est au
Corps : quelques personnes l'ont toute en-
tière & durable : plusieurs la perdent souvent : d'autres sont malades toute leur vie ;
je vois même que toutes les autres facul-
tés de l'Homme sont sujettes aux mêmes
inégalités. La vûe, l'ouïe, le goût, la
force, le don de penser, sont tantôt plus
forts, tantôt plus foibles : notre liberté
est, comme tout le reste, limitée, va-
riable ; en un mot, très-peu de chose,

par-

parce que nous sommes très-peu de chose.

La difficulté d'accorder la liberté de nos actions avec la Prescience éternelle de Dieu n'arrêtoit point Neuton, parce qu'il ne s'engageoit pas dans ce labyrinthe ; la liberté une fois établie ce n'est pas à nous à déterminer comment Dieu prévoit ce que nous ferons librement. Nous ne savons pas de quelle manière Dieu voit actuellement ce qui se passe, nous n'avons aucune idée de sa façon de voir; pourquoi en aurions-nous de sa façon de prévoir ? Tous ses Attributs nous doivent être également incompréhensibles.

CHAPITRE V.

De la Religion Naturelle.

Reproche de Leibnitz à Neuton.

LEIBNITZ dans sa dispute avec Neuton lui reprocha de donner de Dieu des idées fort basses, & d'anéantir la Religion Naturelle. Il prétendoit que Neuton faisoit Dieu corporel, & cette imputation, comme nous l'avons vu, étoit fondée sur ce mot *Sensorium, organe.* Il ajoutoit que le Dieu de Neuton avoit fait de ce Monde une fort mauvaise Machine qui a besoin d'être décrassée (c'est le mot dont se sert Leibnitz); Neuton avoit dit, *manum emendatricem desideraret.* Ce reproche est fondé sur ce que Neuton dit qu'avec le tems les mouvemens diminueront, les irrégularités des Planetes augmenteront, & l'Univers périra, ou sera remis en ordre par son Auteur.

Peu fondé.

Il est trop clair par l'expérience, que Dieu a fait des Machines pour être détruites. Nous sommes l'ouvrage de sa sagesse & nous périssons; pourquoi n'en seroit-il pas de même du Monde? Leibnitz veut que ce Monde de foit parfait ; mais, fi Dieu ne l'a formé que pour durer un certain tems, fa perfection confifte alors à ne durer que jufqu'à l'inftant fixé pour fa diffolution. Quant à la Religion Naturelle, jamais homme n'en a été plus partifan que Neuton, fi, ce n'eft peut-être le fage Leibnitz lui-même, fon Rival en fcience & en vertu. J'entends par Religion Naturelle, les Principes de Morale communs au Genre Humain. Neuton n'admettoit à la vérité aucune notion innée avec nous, ni idées, ni fentimens, ni principes. Il étoit perfuadé avec Locke que toutes les Idées nous viennent par les Sens, à mefure que les fens fe développent. Mais il croyoit que Dieu ayant donné les mêmes fens à tous les hommes, il en réfulte chez eux les mêmes befoins, les mêmes fentimens ; par conféquent les mêmes notions groffières qui font par-tout le fondement de la Societé. Il eft conftant que Dieu a donné aux Abeilles & aux Fourmis quelque chofe pour les faire vivre en commun, qu'il n'a donné ni aux Loups, ni aux Faucons; il eft certain, puifque tous les hommes vivent en Société, qu'il y a dans leur Etre un lien fecret par lequel Dieu a voulu les attacher les uns aux

au-

autres. Or fi, à un certain âge, les idées venues par les mêmes fens à des hommes tous organifés de la même manière, ne leur donnoient pas peu à peu les mêmes principes néceffaires à toute Société, il eft encore très-fûr que ces Sociétés ne fubfifteroient pas. Voilà pourquoi de Siam jufqu'au Méxique, la Vérité, la Reconnoiffance, l'Amitié, &c. font en honneur.

Réfutation d'un fentiment de Locke. J'ai toujours été étonné que le fage Locke, dans le commencement de fon Traité de l'*Entendement Humain*, en réfutant fi bien les Idées innées, ait prétendu qu'il n'y a aucune notion du Bien & du Mal qui foit commune à tous les hommes. Je crois qu'il eft tombé là dans une très-grande erreur. Il fe fonde fur des Relations de Voyageurs qui difent, que dans certains Païs la coutume eft de manger les enfans, & de manger auffi les meres quand elles ne peuvent plus engendrer: que dans d'autres on honore du nom de Saints, certains Enthoufiaftes qui fe fervent d'Aneffes au lieu de femmes; mais un homme comme Locke ne devoit-il pas tenir ces Voyageurs pour fufpects? Rien n'eft fi commun parmi eux que de mal voir, de mal rap-

rapporter ce qu'on a vu, de prendre fur-tout dans une Nation dont on ignore la Langue, l'abus d'une Loi pour la Loi même; & enfin de juger des mœurs de tout un Peuple par un fait particulier dont on ignore encore les circonftances.

Qu'un Perfan paffe à Lisbonne, à Madrid ou à Goa le jour d'un *Auto da Fé*; il croira, non fans apparence de raifon, que les Chrétiens facrifient des hommes à Dieu; qu'il life les Almanachs qu'on debite dans toute l'Europe au petit peuple, il penfera que nous croyons tous aux effets de la Lune; & cependant nous en rions loin d'y croire. Ainfi tout Voyageur qui me dira, par exemple, que des Sauvages mangent leur Pere & leur Mere par piété, me permettra de lui répondre qu'en premier lieu le fait eft fort douteux; fecondement, fi cela eft vrai, loin de détruire l'idée du refpect qu'on doit à fes Parens, c'eft probablement une façon barbare de marquer fa tendreffe, un abus horrible de la Loi Naturelle. Car apparemment qu'on ne tue fon Pere & fa Mere par devoir, que pour les délivrer ou des incommodités de la vieilleffe ou des fureurs de l'Ennemi; & fi

alors

alors on lui donne un tombeau dans le fein filial, au lieu de le laiffer manger par des Vainqueurs, cette coutume, toute effroyable qu'elle eft à l'imagination, vient pourtant néceffairement de la bonté du cœur. La Religion Naturelle n'eft autre chofe que cette Loi qu'on connoît dans tout l'Univers: *Fais ce que tu voudrois qu'on te fît* ; or le Barbare qui tue fon Pere pour le fauver de fon Ennemi, & qui l'enfévelit dans fon fein, de peur qu'il n'ait fon Ennemi pour tombeau, fouhaite que fon fils le traite de même en cas pareil. Cette Loi de traiter fon prochain comme foi-méme ; découle naturellement des notions les plus groffières, & fe fait entendre tôt ou tard au cœur de tous les hommes ; car ayant tous la même Raifon, il faut bien que tôt ou tard les fruits de cet Arbre fe reffemblent. Et ils fe reffemblent en effet, en ce que dans toute Société on appelle du nom de Vertu ce qu'on croit utile à la Société.

Qu'on me trouve un Pays, une Compagnie de dix perfonnes fur la Terre, où l'on n'eftime pas ce qui fera utile au Bien commun, & alors je conviendrai qu'il n'y a point

CHAPITRE V.

point de Règle naturelle : cette Règle varie à l'infini fans doute ; mais qu'en conclure, finon qu'elle exifte ? La Matière reçoit partout des formes différentes, mais elle retient par-tout fa nature.

On a beau nous dire, par exemple, qu'à Lacédémone le *Larcin* étoit ordonné ; ce n'eft-là qu'un abus des mots. La même chofe que nous appellons *Larcin* n'étoit point commandée à Lacédémone, mais dans une Ville où tout étoit en commun, la permiffion qu'on donnoit de prendre habilement ce que des Particuliers s'approprioient contre la Loi, étoit une manière de punir l'Efprit de propriété défendu chez ces Peuples. Le *Tien* & le *Mien* étoit un crime, dont ce que nous appellons Larcin étoit la punition ; & chez eux & chez nous il y avoit de la Règle pour laquelle Dieu nous a faits, comme il a fait les Fourmis pour vivre enfemble.

Neuton penfoit donc que cette difpofition que nous avons tous à vivre en Société eft le fondement de la Loi Naturelle que le Chriftianifme perfectionne.

Le bien de la Société eft Religion Naturelle.

Il y a sur-tout dans l'Homme une disposition à la compassion aussi généralement répandue que nos autres instincts ; Neuton avoit cultivé ce sentiment d'humanité, & il l'étendoit jusqu'aux Animaux. Il étoit fortement convaincu avec Locke, que Dieu a donné aux Animaux (qui semblent n'être que matière) une mesure d'idées, & les mêmes sentimens qu'à nous. Il ne pouvoit penser que Dieu, qui ne fait rien en vain, eût donné aux Bêtes des organes de sentiment afin qu'elles n'eussent point de sentiment.

Humanité. Il trouvoit une contradiction bien affreuse à croire que les Bêtes sentent, & à les faire souffrir. Sa Morale s'accordoit en ce point avec sa Philosophie : il ne cédoit qu'avec répugnance à l'usage barbare de nous nourrir du sang & de la chair des Etres semblables à nous, que nous caressons tous les jours ; & il ne permit jamais dans sa maison, qu'on les fît mourir par des morts lentes & recherchées, pour en rendre la nourriture plus délicieuse.

Cette compassion qu'il avoit pour les Animaux

CHAPITRE V.

nimaux se tournoit en vraye charité pour les hommes. En Effet, sans l'humanité, vertu qui comprend toutes les vertus, on ne mériteroit guère le nom de Philosophe.

CHAPITRE VI.

De l'Ame, de la manière dont elle est unie au Corps, & dont elle a ses Idées.

Si la Matière peut penser.

NEUTON étoit persuadé, comme presque tous les autres Philosophes, que l'Ame est une Substance, simple, immatérielle, impérissable; mais plusieurs personnes, qui ont beaucoup vécu avec Locke, m'ont assûré que Neuton avouoit, ainsi que Locke, que *nous n'avons pas asséz de connoissance de la Nature pour oser prononcer qu'il soit impossible à Dieu d'ajouter le Don de la Pensée à un Etre étendu quelconque.* La grande difficulté est plutôt de savoir comment un Etre, tel qu'il soit, peut penser, que de savoir comment la Matière peut devenir pensante. La pensée, il est vrai, n'a rien de commun avec les attributs que nous connoissons dans l'Etre étendu qu'on appelle Corps; mais connoissons-nous toutes les propriétés possibles des Corps ? C'est une chose qui paroît bien hardie que de dire à Dieu: Vous avez pu donner le mouvement, la gravitation, la végétation, la vie à un Etre, & vous ne pouvez lui donner la pensée.

Ceux qui difent que fi la Matière pouvoit recevoir le *Don* de la penfée, l'Ame ne feroit pas immortelle, raifonnent-ils conféquemment? Eſt-il plus difficile à Dieu de conferver que de faire? De plus, fi un Atôme infécable dure éternellement, pourquoi le don de penfer en lui ne durera-t-il pas comme lui? Si on refufe à Dieu le pouvoir de donner, de joindre des Idées à la Matière, on eſt obligé de dire que ce qu'on appelle Efprit eſt un Etre dont l'effence eſt de penfer à l'exclufion de tout Etre étendu.

Et s'il eſt de la nature de l'Efprit de penfer effentiellement, il penfe donc néceffairement, il eſt donc un Etre *penfant indépendemment de Dieu*, comme tout Triangle a néceffairement trois angles indépendemment de Dieu.

Quel eſt donc le plus refpectueux pour la Divinité, ou d'affirmer que des êtres créés penfent indépendemment de lui, ou de foupçonner qu'il peut accorder la penfée à tel être qu'il daigne choifir?

On voit par cela feul combien injuſtes
font

font ceux qui ont voulu faire à Locke un crime de son sentiment, & combattre, par une malignité cruelle, avec les armes de la Religion, une Idée purement Philosophique.

Au reste, Neuton étoit bien loin de hazarder une définition de l'Ame, comme tant d'autres ont ôsé le faire, il croyoit très-vraisemblable qu'il y ait des millions d'autres Substances pensantes, dont la nature est absolument différente de la nature de notre Ame. Ainsi la division que quelques-uns ont faite de toute la Nature entre Corps & Esprit, paroît la définition d'un sourd & d'un aveugle, qui en définissant les Sens ne soupçonneroit ni la vûe n'y l'ouïe. Car de quel droit en effet pourroit-on dire, que Dieu n'a pas rempli l'Espace immense d'une infinité de Substances qui n'ont rien de commun avec nous?

Neuton ne s'étoit point fait de Système sur la maniére dont l'Ame est unie au Corps, & sur la formation des idées; ennemi des Systèmes, il ne jugeoit de rien que par analyse, & lorsque ce flambeau lui manquoit, il sa-

savoit s'arrêter. Il y a eu jusqu'ici dans le Monde quatre opinions sur la formation des Idées. La première est celle de presque toutes les anciennes Nations, qui, n'imaginant rien au-delà de la Matière, ont regardé nos Idées dans notre Entendement comme l'impression du Cachet sur la cire; cette opinion confuse étoit plutôt un instinct grossier qu'un raisonnement. Les Philosophes qui ont voulu ensuite prouver que la Matière pense par elle-même, ont erré bien davantage; car le Vulgaire se trompoit sans raisonner, & ceux-ci erroient par principes. Aucun d'eux n'a pu jamais rien trouver dans la Matière qui pût prouver que l'intelligence est nécessaire à sa nature.

Quatre opinions sur la formation des Idées.

Celle des anciens Matérialistes.

Locke paroît le seul qui ait ôté la contradiction entre la Matière & la Pensée, en recourant tout d'un coup au Créateur de toute pensée & de toute matière, & en disant modestement: *Celui qui peut tout ne peut-il pas faire penser un Etre matériel, un Atôme, un Elément de la Matière?* Il s'en est tenu à cette possibilité en homme sage; affirmer que la Matière pense en effet, parce que Dieu a pu lui communiquer ce don, seroit le comble de la témérité; mais affirmer le contraire est-il moins hardi?

<small>Celle qui est la plus reçue.</small> Le second sentiment, & celui qui est le plus généralement reçu, est celui qui établissant l'Ame & le Corps comme deux êtres qui n'ont rien de commun, affirme cependant que Dieu les a créés pour agir l'un sur l'autre : la seule preuve qu'on ait de cette action est l'expérience que chacun croit en avoir ; nous éprouvons que notre Corps tantôt obéit à notre volonté, tantôt la maîtrise.

Nous imaginons qu'ils agissent l'un sur l'autre réellement, parce que nous le sentons, & il nous est impossible de pousser la recherche plus loin. On fait à ce Système une Objection qui paroît sans replique : c'est que si un objet extérieur, par exemple, communique un ébranlement à nos nerfs, ce mouvement va à notre Ame, ou n'y va pas : s'il y va, il lui communique du mouvement, ce qui supposeroit l'Ame corporelle; ou il n'y va point, & en ce cas il n'y a plus d'action. Tout ce qu'on peut répondre à cela, c'est que cette action est du nombre des

CHAPITRE VI.

des choses dont le mécanisme sera toujours ignoré ; triste manière de conclure, mais presque la seule qui convienne à l'Homme en plus d'un point de Métaphysique.

Le troisième Système est celui des Causes occasionnelles de Mallebranche, il commence par supposer que l'Ame ne peut avoir aucune influence sur le Corps : & dès-là il s'avance trop ; car de ce que l'influence de l'Ame sur le Corps ne peut être conçue, il ne s'ensuit point du tout quelle soit impossible. Il suppose ensuite que la Matière, comme cause occasionnelle, fait impression sur notre Corps, & qu'alors Dieu produit une idée dans notre Ame, & que réciproquement l'Homme produit un acte de volonté, & que Dieu agit immédiatement sur le Corps en conséquence de cette volonté : ainsi l'Homme n'agit, ne pense que dans Dieu ; ce qui ne peut, me semble, recevoir un sens clair, qu'en disant que Dieu seul agit & pense pour nous.

Celui de Mallebranche.

On est accablé sous le poids des difficultés qui naissent de cette Hypothèse ; car comment, dans ce Système, l'Homme peut-il vouloir

loir lui-même, & ne peut-il pas penser lui-même? Si Dieu ne nous a pas donné la faculté de produire du mouvement & des idées, si c'est lui seul qui agit & pense, c'est lui seul qui veut. Non-seulement nous ne sommes plus libres, mais nous ne sommes rien, ou bien nous sommes des modifications de Dieu même; en ce cas, il il n'y a plus une Ame, une intelligence dans l'Homme, & ce n'est pas la peine d'expliquer l'union du Corps avec l'Ame, puisqu'elle n'existe pas, & que Dieu seul existe.

<small>Celle de Leibnitz.</small> Le quatrième sentiment est celui de l'Harmonie préétablie de Leibnitz. Dans son Hypothèse, l'Ame n'a aucun commerce avec son corps: ce sont deux Horloges que Dieu a faites, qui ont chacune un ressort, & qui vont un certain tems dans une correspondance parfaite; l'une montre les heures, l'autre sonne. L'Horloge qui montre l'heure, ne la montre pas, parce que l'autre sonne, mais Dieu a établi leur mouvement de façon que l'éguille & la sonnerie se rapportent continuellement. Ainsi l'Ame de Virgile produisoit l'Enéïde, & sa main écrivoit l'Enéïde, sans que cette main obéît en aucune façon à l'intention de l'Auteur;

CHAPITRE VI.

teur ; mais Dieu avoit réglé de tout tems que l'Ame de Virgile feroit des vers, & qu'une main attachée au Corps de Virgile les mettroit par écrit.

Sans parler de l'extrême embarras qu'on a encore à concilier la Liberté avec cette Harmonie préétablie, il y a une Objection bien forte à faire ; c'eft que fi, felon Leibnitz, rien ne fe fait fans une raifon fuffifante, prife du fond des chofes, quelle raifon a eu Dieu d'unir enfemble deux Etres incommenfurables, deux Etres auffi heterogènes, auffi infiniment différens que l'Ame & le Corps, & dont l'un n'influe en rien fur l'autre ? Autant valoit placer mon Ame dans Saturne que dans mon Corps ; l'union de l'Ame & du Corps eft ici une chofe très-fuperflue. Mais le refte du Syftême de Leibnitz eft bien plus extraordinaire ; on en peut voir les fondemens dans le Supplément aux Actes de Leipfik, Tome VII. & on peut confulter les Commentaires que plufieurs Allemands en ont fait amplement avec une Méthode Géométrique.

Selon Leibnitz, il y a quatre fortes d'Etrés fimples, qu'il nomme Monades, comme on
le

le verra au Chapitre VIII.; on ne parle ici que de l'espèce de Monade, qu'on appelle notre Ame. *L'Ame*, dit-il, *est une concentration, un Miroir vivant de tout l'Univers*, qui a en soi toutes les idées confuses de toutes les modifications de ce Monde, présentes, passées & futures.

Neuton, Locke & Clarke, quand ils entendirent parler d'une telle opinion, marquèrent pour elle un aussi grand mépris que si Leibnitz n'en avoit pas été l'Auteur; mais puisque de très-grands Philosophes Allemands se sont fait gloire d'expliquer ce qu'aucun Anglais n'a jamais voulu entendre, je suis obligé d'exposer cette Hypothèse du fameux Leibnitz, devenue pour moi plus respectable encore depuis que vous en avez fait l'objet de vos recherches.

Tout Etre simple créé, dit-il, est sujet au changement, sans quoi il seroit Dieu, l'Ame est un être simple créé, elle ne peut donc rester dans un même état : mais les Corps, étant composés, ne peuvent faire aucune altération dans un Etre simple : il faut donc que ses changemens prennent leur source dans sa

propre

CHAPITRE VI.

propre nature; les changemens font donc des idées fucceffives des chofes de cet Univers. Elle en a quelques-unes de claires; mais toutes les chofes de cet Univers, *dit Leibnitz*, font tellement dépendantes l'une de l'autre, tellement liées entr'elles à jamais, que fi l'Ame a une idée claire d'une de ces chofes, elle a néceffairement des idées confufes & obfcures de tout le refte.

On pourroit, pour éclaircir cette opinion, apporter l'exemple d'un homme qui a une idée claire d'un Jeu: il a en même tems plufieurs idées confufes de plufieurs combinaifons de ce jeu. Un homme qui a actuellement une idée claire d'un Triangle, a une idée de plufieurs proprietés du Triangle, lesquelles peuvent fe préfenter à leur tour plus clairement à fon efprit. Voilà en quel fens la Monade de l'Homme eft *un Miroir vivant de cet Univers*.

Il eft aifé de répondre à une telle Hypothèfe, que fi Dieu a fait de l'Ame un Miroir, il en a fait un Miroir bien terne; & que fi l'on n'a d'autres raifons pour avancer des fuppofitions fi étranges, que cette liaifon prétendue

Opinion de Leibnitz combattue.

due indispensable de toutes les choses de ce Monde, on bâtit cet Edifice hardi sur des fondemens qu'on n'apperçoit guère. Car quand nous avons une idée claire du Triangle, c'est que nous avons une connoissance des propriétés essentielles du Triangle, & si les idées de toutes ces propriétés ne s'offrent pas tout d'un coup lumineusement à notre esprit, elles y sont cependant, elles sont renfermées dans cette idée claire, parce qu'elles ont un rapport nécessaire l'une avec l'autre. Mais tout l'assemblage de l'Univers est-il dans ce cas ? Si vous ôtez une proprieté au Triangle, vous lui ôtez tout, mais si vous ôtez à l'Univers un grain de sable le reste sera-t-il tout changé ? Si de cent millions d'Etres qui se suivent deux à deux, les deux premiers changent entr'eux de place, les autres en changent-ils entr'eux nécessairement ? Ne conservent-ils pas en eux les mêmes rapports ? De plus, les idées d'un homme ont-elles la même chaîne que l'on suppose dans les choses de ce Monde ? Quelle liaison, quel milieu nécessaire y a-t-il entre l'idée de la nuit & des objets inconnus que je vois en m'éveillant ? Quelle chaîne y a-t-il entre la mort passagère de l'Ame dans un profond sommeil

CHAPITRE VI.

sommeil ou dans un évanouissement, & entre les idées que l'on reçoit en reprenant ses esprits? Quand meme il seroit possible que Dieu eût fait tout ce que Leibnitz imagine, faudroit-il le croire sur une simple possibilité? Qu'a-t-il prouvé par tous ces nouveaux efforts? qu'il avoit un très-grand génie; mais s'est-il éclairé par-là, & a-t-il éclairé les autres?

Si l'on veut savoir ce que Neuton pensoit sur l'Ame, & sur la manière dont elle opère, & lequel de tous ces sentimens il embrassoit; je répondrai qu'il n'en suivoit aucun. Que savoit donc sur cette matière celui qui avoit fourni l'Infini au Calcul, & qui avoit découvert les Loix de la Pesanteur, &c? Il savoit douter.

CHA-

CHAPITRE VII.

Des premiers Principes de la Matière.

IL ne s'agit pas ici d'examiner quel Systême étoit plus ridicule, ou celui qui faisoit l'Eau principe de tout, ou celui qui attribuoit tout au Feu, ou celui qui imagine des Dez mis, sans intervale, les uns auprès des autres, & tournant, je ne sai comment, sur eux-mêmes.

Examen de la Matière première. Le Systême le plus plausible a toujours été, qu'il y a une Matière première, indifférente à tout, uniforme & capable de toutes les formes, laquelle différemment combinée constitue cet Univers; les Elémens de cette Matière sont les mêmes, elle se modifie selon les différens moules où elle passe, comme un Métal en fusion devient tantôt une Urne, tantôt une Statue. C'étoit l'opinion du grand Descartes, & elle s'accorde très-bien avec le Systême ingénieux, mais chimérique, de ses trois Elémens.

Neuton pensoit en ce point sur la Matière comme

CHAPITRE VII.

comme Descartes; mais il étoit arrivé à cette conclusion par une autre voye. Comme il ne formoit presque jamais de jugement qui ne fût fondé, ou sur l'Evidence Mathématique, ou sur l'Expérience, il crut avoir l'expérience pour lui dans cet examen. L'illustre Robert Boyle, le fondateur de la Physique en Angleterre, avoit long-tems tenu de l'eau dans une Cornue à un feu égal: le Chimiste qui travailloit avec lui crut que l'eau s'étoit enfin changée en terre: le fait étoit faux comme l'a depuis prouvé Boerhave Physicien aussi exact que Médecin habile; l'eau s'étoit évaporée, & la terre qui avoit paru en sa place venoit d'ailleurs.

Boyle & Neuton trompés par une fausse expérience.

À quel point faut-il se défier de l'Expérience, puisque celle-ci trompa Boyle & Neuton? Ces grands Philosophes n'ont pas fait difficulté de croire que, puisque les parties primitives de l'eau se changeoient en parties primitives de terre, les Elémens des choses ne sont que la même matière différemment arrangée.

Si une fausse expérience n'avoit pas conduit Neuton à cette conclusion, il est à croire qu'il eût raisonné tout autrement.

Je supplie qu'on life avec attention ce qui suit.

<small>Matière premiére combattue.</small> La seule manière qui appartienne à l'Homme de raisonner sur les objets, c'est l'analyse. Partir tout d'un coup des premiers Principes n'appartient qu'à Dieu : & si l'on peut sans blasphême comparer Dieu à un Architecte, & l'Univers à un Edifice; quel est le Voyageur, qui en voyant une partie de l'extérieur d'un Bâtiment, ôsera tout d'un coup imaginer tout l'artifice du dedans ? Voilà pourtant ce qu'ont ôsé faire presque tous les Philosophes avec mille fois plus de témérité !

Examinons donc cet Edifice autant que nous le pouvons; que trouvons-nous autour de nous? Des Animaux, des Végétaux, des Minéraux sous le genre desquels je comprends tous les sels & souffres, &c. du limon, du sable, de l'eau, du feu, de l'air, & rien autre chose, du moins jusqu'à présent.

Avant d'examiner seulement si ces Corps sont des Mixtes ou non, je me demande à moi-

moi-même, s'il est possible qu'une Matière prétendue uniforme, qui n'est en elle-même rien de tout ce qui est, produise cependant tout ce qui est?

1°. Qu'est-ce qu'une Matière première qui n'est rien des choses de ce Monde, & qui les produit toutes? C'est une chose dont je ne puis avoir d'idée, & que par conséquent je ne dois point admettre. Il est bien vrai que je ne puis me former, en général, l'idée d'une Substance étendue, impénétrable & figurable, sans déterminer ma pensée à du sable, ou à du limon, ou à de l'or, &c.; mais cependant, ou cette matière est réellement quelqu'une de ces choses, ou elle n'est rien du tout. De même, je puis penser à un Triangle en général, sans m'arrêter au Triangle équilatéral, au *scalène*, à l'*isoscèle*; mais il faut pourtant qu'un Triangle qui existe soit l'un de ceux-là. Cette idée seule bien pesée suffit peut-être pour détruire l'opinion d'une Matière première.

2°. Si la Matière quelconque, mise en mouvement, suffisoit pour produire ce que nous voyons sur la Terre, il n'y auroit aucune

cune raifon pour laquelle de la pouffiere bien remuée dans un Tonneau ne pourroit produire des hommes & des arbres, ni pourquoi un Champ, femé de bled, ne pourroit pas produire des Baleines & des Ecreviffes au lieu de froment.

C'eft en vain qu'on répondroit, que les moules, les filières qui reçoivent les femences s'y oppofent, car il en faudra toujours revenir à cette queftion: Pourquoi ces moules, ces filières font-elles fi invariablement déterminées?

Or fi aucun mouvement, aucun art, n'a jamais pu faire venir des Poiffons au lieu de bled dans un Champ, ni des Neffles au lieu d'un Agneau dans le ventre d'une Brebis, ni des Rofes au haut d'un Chêne, ni des Soles dans une ruche d'Abeilles, &c. : fi toutes les efpéces font invariablement les mêmes, ne dois-je pas croire d'abord, avec quelque raifon, que toutes les efpèces ont été déterminées par le Maître du Monde : qu'il y a autant de deffeins différens qu'il y a d'efpèces différentes ; & que celles de la matière & du mouvement n'étoient qu'un Chaos éternel fans ces deffeins ?

Tou-

CHAPITRE VII.

Toutes les expériences me confirment dans ce sentiment. Si j'examine, d'un côté, un Homme ou un Ver à foye, & de l'autre, un Oiseau & un Poisson, je les vois tous formés dès le commencement des choses, je ne vois en eux qu'un développement. Celui de l'Homme & de l'Insecte ont quelques rapports & quelques différences; celui du Poisson & de l'Oiseau en ont d'autres. Nous sommes un Ver avant d'être reçus dans la matrice de notre mere, nous devenons Chrysalides nymphes dans l'uterus : lorsque nous sommes dans cette enveloppe qu'on nomme coëffe, nous en sortons avec des bras & des jambes, comme le Ver, devenu Moucheron, sort de son tombeau avec des aîles & des pieds; nous vivons quelques jours comme lui, & notre corps se dissout ensuite comme le sien. Le Poisson & l'Oiseau naissent d'un œuf sorti d'une matrice : les Coquillages viennent d'une autre manière; les Végétaux, les Minéraux sont encore d'autres productions. Chaque Etre est un Monde à part; & bien loin qu'une Matiére aveugle produise tout par le simple mouvement, il est bien vraisemblable que Dieu a formé une infinité d'Etres avec des moyens infinis, parce qu'il eſt infini lui-même.

Voilà d'abord ce que je me perſuade en conſidérant la Nature. Mais ſi j'entre dans le détail, ſi je fais des expériences de chaque choſe, voici ce qui en réſulte.

Je vois des Mixtes, tels que les Végétaux & les Animaux, que je décompoſe, & dont je tire quelques élémens groſſiers, l'eſprit, le phlegme, le ſouffre, le ſel, la tête morte. Je vois d'autres Corps, tels que des Métaux, des Minéraux, dont je ne peux jamais tirer autre choſe que leurs propres parties plus attenuées : jamais de l'or pur n'a pu donner que de l'or, jamais avec du mercure pur on n'a pu avoir que du mercure ; du ſable, de la boue ſimple, de l'eau ſimple, n'ont pu être changés en aucune autre eſpèce d'êtres.

Que puis-je en conclure, ſinon que les Végétaux & les Animaux ſont compoſés de ces autres êtres primitifs qui ne ſe décompoſent jamais ? Ces êtres primitifs, inaltérables, ſont les élémens des Corps. L'Homme

&

& le Moucheron font donc un composé des parties minérales de fange, de fable, de feu, d'air, d'eau, de fouffre, de fel; & toutes ces parties primitives, indécompofables à jamais, font des élémens dont chacun a fa nature propre & invariable.

Pour ôfer affûrer le contraire, il faudroit avoir vu des transmutations; mais quelqu'un en a-t-il découvert par le fecours de la Chimie? La Pierre Philofophale n'eft elle pas regardée comme impoffible par tous les Efprits fages? Eft-il plus poffible, dans l'état préfent de ce Monde, que du fel foit changé en fouffre, de l'eau en terre, de l'air en feu, que de faire de l'or avec de la poudre de projection? *Il n'y a point de tranfmutations véritables*

Quand les hommes ont cru aux transmutations proprement dites, n'ont-ils point en cela été trompés par l'apparence, comme ceux qui ont cru que le Soleil marchoit? Car à voir du bled & de l'eau fe convertir dans les Corps humains en fang & en chairs, qui n'auroit cru les transmutations? Cependant tout cela eft-il autre chofe que des fels, des fouffres, de la fange, &c. différemment arrangés

rangés dans le bled & dans notre Corps? Plus j'y fais réflexion, plus une métamorphose, prise à la rigueur, me semble n'être autre chose qu'une contradiction dans les termes. Pour que les parties primitives de sel se changent en parties primitives d'or, il faut, je crois, deux choses, anéantir ces élémens de sel, & créer des élémens de l'or: voilà au fond ce que c'est que ces prétendues métamorphoses d'une matière homogène & uniforme, admise jusqu'ici par tant de Philosophes; & voici ma preuve résumée.

Il est impossible de concevoir l'immutabilité des espèces sans qu'elles soient composées de principes inaltérables. Pour que ces Principes, ces premières parties constituantes ne changent point, il faut qu'elles soient parfaitement solides, & par conséquent toujours de même figure : s'ils sont tels, ils ne peuvent pas devenir d'autres élémens, car il faudroit qu'elles reçussent d'autres figures; donc, puisqu'il est impossible que, dans la constitution présente de cet Univers, l'élément qui sert à faire un Homme soit changé en l'élément d'une Pierre, il faudroit, pour faire un élément de Pierre à la

CHAPITRE VII.

la place d'un élément d'Homme, anéantir un de ces élémens & en créer un autre à sa place. Je ne sai comment Neuton, qui admettoit des Atômes, n'en avoit pas tiré cette induction si naturelle : il reconnoissoit de vrais Atômes, des Corps indivisibles comme Gassendi ; mais il étoit arrivé à cette assertion pas ses Mathématiques. En même tems il croyoit que ces atômes, ces élémens indivisés, se changeoient continuellement les uns en les autres ; Neuton étoit homme, il pouvoit se tromper comme nous. *Neuton admet des Atômes.*

On demandera ici, sans doute, comment les germes des choses étans durs & indivisés, peuvent s'accroître & s'étendre ? Ils ne s'accroissent probablement que par assemblage, par contiguité ; plusieurs atômes d'eau forment une goutte, & ainsi du reste.

Il restera à savoir comment cette contiguité s'opère, comment les parties des Corps sont liées entr'elles : peut-être est-ce un des secrets du Créateur, lequel sera inconnu à jamais aux hommes ; pour savoir comment les parties constituantes de l'or forment un morceau d'or, il semble qu'il faudroit voir ces parties.

S'il étoit permis de dire que l'Attraction est probablement cause de cette adhésion & de cette continuité de la Matière, c'est ce qu'on pourroit avancer de plus vraisemblable. Car, en vérité, s'il est démontré, comme nous l'avons dit dans nos ELÉMENS, que toutes les parties de la Matière gravitent les unes vers les autres, quelle qu'en soit la cause, peut-on rien penser de plus naturel, sinon que les Corps qui se touchent en plus de points, sont les plus unis ensemble par la force de cette gravitation? Mais ce n'est pas ici le lieu d'entrer dans ce détail Physique.

CHA-

CHAPITRE VIII.

De la nature des Elémens de la Matière, ou des Monades.

SI l'on a jamais du dire, *audax Iapeti genus*, c'eſt dans la recherche que les hommes ont ôſé faire de ces élémens, qui ſemblent être placés à une diſtance infinie de la ſphère de nos connoiſſances. Peut-être n'y a-t-il rien de plus modeſte que l'opinion de Neuton, qui s'eſt borné à croire que les élémens de la Matière ſont de la matière ; c'eſt-à-dire un Etre étendu & impénétrable, dans la nature intime duquel l'Entendement ne peut fouiller : que Dieu peut le diviſer à l'infini comme il peut l'anéantir ; mais qu'il ne le fait pourtant pas, & qu'il tient ces parties étendues & inſécables pour ſervir de Baſe à toutes les productions de l'Univers. Sentiment de Neuton.

Peut-être, d'un autre côté, n'y a-t-il rien de plus hardi que l'effort qu'a pris Leibnitz en par tant de ſon Principe de la *raiſon ſuffiſante*, pour pénétrer, s'il ſe peut, juſque dans Sentiment de Leibnitz.

dans le sein des causes & dans la nature inexplicable de ces élémens.

Tout Corps, *dit-il*, est composé de parties étendues; mais ces parties étendues de quoi sont-elles composées? Elles sont actuellement, *continue-t-il*, divisibles & divisées à l'infini. Vous ne trouvez donc jamais que de l'étendue: or dire que l'étendue est la *raison suffisante* de l'étendue, c'est faire un cercle vicieux, c'est ne rien dire. Il faut donc trouver la raison, la cause des être étendus, dans des êtres qui ne le soient pas, dans des êtres simples, dans des Monades; la Matière n'est donc rien qu'un assemblage d'êtres simples.

On a vû au Chapitre de l'Ame que, selon Leibnitz, chaque être simple est sujet au changement: mais ses altérations, ses déterminations successives qu'il reçoit, ne peuvent venir du dehors, par la raison que cet être est simple, intangible, & n'occupe point de place : il a donc la source de tous ses changemens en lui-même, à l'occasion des objets extérieurs; il a donc des idées. Mais il a un rapport nécessaire avec toutes les parties de l'Univers : il a donc des idées relatives à

tout

CHAPITRE VIII.

tout l'Univers ; les élémens du plus vil excrément ont donc un nombre infini d'idées. Leurs idées, à la vérité, ne sont pas bien claires, elles n'ont pas *l'apperception*, comme dit Leibnitz, elles n'ont pas en elles le témoignage intime de leurs pensées ; mais elles ont des perceptions confuses du présent, du passé, & de l'avenir.

Il admet quatre espéces de Monades. 1°. Les élémens de la Matière qui n'ont aucune pensée claire : 2°. les Monades des Bêtes qui ont quelques idées claires & aucunes distinctes : 3°. les Monades des Esprits finis qui ont des idées confuses, des claires, des distinctes ; 4°. enfin, la Monade de Dieu qui n'a que des idées adéquates. *Quatre espéces de Monades.*

Les Philosophes Anglais, je l'ai déja dit, qui ne respectent point les noms, ont répondu à tout cela en riant ; mais il ne m'est permis de combattre Leibnitz qu'en raisonnant. Il me semble que je prendrois la liberté de dire à ceux qui ont accrédité de telles opinions : Tout le monde convient avec vous du Principe *de la raison suffisante* ; mais en tirez-vous ici une conséquence bien juste ? *Objections.*

1°.

I°. Vous admettez la Matière actuellement divisible à l'infini ; la plus petite partie n'est donc pas possible à trouver. Il n'y en a point qui n'ait des côtés, qui n'occupe un lieu, qui n'ait une figure ; comment donc voulez-vous qu'elle ne soit formée que d'êtres sans figure, sans lieu, & sans côtés ? Ne heurtez-vous pas le grand Principe de la *contradiction* en voulant suivre celui de *la raison suffisante* ?

II°. Est-il bien suffisamment raisonnable, qu'un composé n'ait rien de semblable à ce qui le compose ? Que dis-je rien de semblable, il y a l'infini entre un être simple & un être étendu, & vous voulez que l'un soit fait de l'autre ? Celui qui diroit que plusieurs élémens de Fer forment de l'Or, que les parties constituantes du Sucre font de la Coloquinte, diroit-il quelque chose de plus révoltant ?

III°. Pouvez-vous bien avancer qu'une goutte d'urine soit une infinité de Monades, & que chacune d'elles ait les idées, quoiqu'obscures, de l'Univers entier ? Et cela parce que, selon vous, tout est plein ; parce que

que dans le *Plein* tout eſt lié ; parce que tout étant lié enſemble , & une Monade ayant néceſſairement des idées, elle ne peut avoir une perception qui ne tienne à tout ce qui eſt dans le Monde ?

Mais eſt-il prouvé que tout eſt plein ? Malgré la foule des Argumens Métaphyſiques & Phyſiques en faveur du *Vuide*, eſt-il prouvé que tout étant plein votre prétendue Monade doive avoir les inutiles idées de tout ce qui ſe paſſe dans ce *Plein* ? J'en appelle à votre conſcience, ne ſentez-vous pas qu'un tel Syſtême eſt purement d'imagination ? L'aveu de l'humaine ignorance ſur les élémens de la Matière, n'eſt-il pas au-deſſus d'une ſcience vaine ? Quel emploi de la Logique & de la Géométrie, ſi je fais ſervir ce fil à m'égarer dans un tel Labyrinthe , & ſi je marche méthodiquement à l'Erreur avec le flambeau même deſtiné à m'éclairer ?

CHA-

CHAPITRE IX.

De la Force Active.

JE suppose d'abord que l'on convient, que la Matière ne peut avoir le mouvement par elle-même; il faut donc qu'elle le reçoive d'ailleurs. Mais elle ne peut le recevoir d'une autre Matière, car ce seroit une contradiction; il faut donc qu'une Cause immatérielle produise le mouvement. Dieu est cette Cause immatérielle, & on doit ici bien prendre garde que cet Axiome vulgaire: *Qu'il ne faut point recourir à Dieu en Philosophie*, n'est bon que dans les choses que l'on doit expliquer par les Causes prochaines Physiques. Par exemple, je veux expliquer pourquoi un poids de quatre livres est contrepesé par un poids d'une livre. Si je dis que Dieu l'a ainsi réglé, je suis un ignorant ; mais je satisfais à la question, si je dis que c'est parce que le poids d'une livre est quatre fois autant éloigné du point d'appui que le poids de quatre livres. Il n'en est pas de même des premiers Principes des choses. C'est alors que ne pas recourir à Dieu est souvent d'un igno-

CHAPITRE IX.

ignorant; car ou il n'y a point de Dieu, ou il n'y a de premiers Principes que dans Dieu.

C'eſt lui qui a imprimé aux Planetes la force avec laquelle elles vont d'Occident en Orient; c'eſt lui qui fait tourner les Planetes & le Soleil ſur leurs axes.

Il a imprimé une Loi à tous les Corps, par laquelle ils tendent tous également à leur centre; enfin il a formé des Animaux auxquels il a donné une force active, avec laquelle ils font naître du mouvement.

La grande queſtion eſt de ſavoir ſi cette force, donnée de Dieu pour commencer le mouvement, eſt toujours la même dans la Nature.

Deſcartes, ſans faire mention de la Force, avançoit ſans preuve, qu'il y a toujours quantité égale de mouvement : ſon opinion étoit d'autant moins fondée que les loix mêmes du mouvement lui étoient inconnues. *S'il y a toujours même quantité de forces dans le Monde.*

Leibnitz, venu dans un tems plus éclairé, a été obligé d'avouer, avec Neuton, qu'il ſe

E perd

perd du mouvement ; mais il a prétendu que quoique la même quantité de mouvement ne subsiste pas, la force subsiste toujours la même.

Neuton au contraire étoit persuadé qu'il implique contradiction, que le mouvement ne soit pas proportionnel à la force.

Examen de la Force.

Avant que d'entrer sur cela dans aucune discussion mécanique, il faut prendre les choses dans leur nature même ; car le Métaphysicien doit toujours conduire le Géomètre. Un homme a une certaine quantité de force active, mais où étoit cette force avant sa naissance ? Si on dit qu'elle étoit dans le germe de l'Enfant ; qu'est-ce qu'une force qu'on ne peut exercer ? Mais quand il est devenu homme n'est-il pas libre ? Ne peut-il pas employer plus ou moins de sa force ? Je suppose qu'il exerce une force de trois cens livres pour mouvoir une machine : je suppose, comme il est possible, qu'il a exercé cette force en baissant un Levier, & que la machine attachée à ce Levier est dans le récipient du vuide ; la machine peut acquérir aisément une force de deux mille livres.

L'opé-

CHAPITRE IX.

L'opération étant faite, le bras retiré, le Levier ôté, le poids immobile, je demande si le peu de matière qui étoit dans le récipient a reçu de la machine une force de deux mille livres ? Toutes ces considérations ne font-elles pas voir que la force active se répare & se perd continuellement dans la Nature ? Que l'on fasse un peu d'attention à cet Argument-ci.

Il ne peut y avoir de mouvement sans vuide : Or qu'un corps mou A. B. C. D. reçoive une impression dans toutes ces parties ; je demande si les parties B. C. D., derrière lesquelles il n'y aura aucun Corps, ne perdront point de mouvement ? Et si les parties B. C. perdent leur mouvement, ne perdent-elles pas évidemment leur force ?

Ecoutons maintenant Neuton & l'Expérience pour terminer cette dispute Métaphysique. Le mouvement, *dit-il*, se produit & se perd ; mais à cause de la tenacité des fluides, & du peu d'élasticité des solides, il se perd beaucoup plus de mouvement qu'il n'en renaît dans la Nature. Paroles de Neuton.

E 3   Ce-

Cela posé, si l'on considère cet Axiome indubitable, que l'Effet est toujours proportionnel à la Cause, là où le mouvement diminue la force diminue necessairement. Il faudroit donc, pour conserver toujours la même quantité de forces dans l'Univers, que ce Principe (que la Cause est proportionnelle à l'Effet) cessât d'être vrai.

Manières de calculer la Force. On a cru qu'il suffisoit pour conserver toujours cette même force dans la Nature, on a cru, dis-je, qu'il suffisoit de changer la manière ordinaire d'estimer cette force. Au lieu donc que Mersenne, Descartes, Neuton, Mariotte, Varignon, &c. ont toujours, après Archimède, mesuré la force d'un Corps en mouvement, en multipliant sa masse par sa vîtesse, les Leibnitz, les Bernoulli, les Hermans, les Polini, les S'gravesende, les Volf, &c. ont multiplié la masse par le quarré de la vîtesse.

Cette dispute a partagé l'Europe; mais enfin il me semble qu'on reconnoît que c'est au fond une dispute de mots. Il est impossible que ces grands Philosophes, quoique diamétralement opposés, se trompent dans leurs calculs. Ils sont également justes: les effets mécaniques répondent également à l'une & à l'autre manière de compter. Il y a donc indubitablement un sens dans lequel ils ont tous raison : or ce point où ils ont tous raison, est celui qui doit les réunir ; & le voici, comme le Docteur Clarke l'a indiqué le premier, quoiqu'un peu durement.

Si vous considerez le tems dans lequel un mobile agit, sa force est au bout de ce tems comme le quarré de sa vîtesse par sa masse. Pourquoi ? Parce que l'espace parcouru par la masse est comme le quarré du tems dans lequel il est parcouru : or le tems est comme la vîtesse ; donc alors le corps qui a parcouru cet espace dans ce tems, agit au bout de ce tems par sa masse, multipliée par le quarré de sa vîtesse. Ainsi lorsque la masse 2. parcourt, en deux tems, un espace quelconque avec deux degrés de vîtesse, au bout de ce tems sa force est 2. multiplié par le quarré de sa vîtesse 2.: le tout fait 8. & le corps fait une impression comme 8. En ce cas les Leibnitiens n'ont pas tort ; mais aussi les Cartésiens & les Neutoniens réunis ont

Conclusion des deux Parties.

grande raiſon quand ils conſidèrent la choſe d'un autre ſens. Car ils diſent, en tems égal un corps du poids de quatre livres, avec un degré de vîteſſe, agit préciſément comme un poids d'une livre avec quatre degrés de vîteſſe, & les corps élaſtiques qui ſe choquent, rejailliſſent toujours en raiſon réciproque de leur vîteſſe & de leur maſſe : c'eſt-à-dire qu'une Boule double avec un mouvement, comme un, & une Boule ſouſdouble avec un mouvement, comme deux, lancées l'une contre l'autre, arrivent en tems égal, & rejailliſſent à des hauteurs égales ; donc il ne faut pas conſidérer ce qui arrive à des mobiles dans des tems inégaux, mais dans des tems égaux ; & voilà la ſource du mal entendu. Donc la nouvelle manière d'enviſager les forces eſt vraye en un ſens & fauſſe en un autre ; donc elle ne ſert qu'à compliquer, qu'à embrouiller une idée ſimple ; donc il faut s'en tenir à l'ancienne Règle, laquelle donna toujours pour meſure de la force, dans tous les cas poſſibles, les vîteſſes multipliées par les maſſes appliquées aux tems.

Que conclure de ces deux manières d'enviſager les choſes ? Il faut que tout le mon-

CHAPITRE IX.

monde convienne que l'Effet eft toujours proportionnel à la Caufe : or s'il périt du mouvement dans l'Univers, donc la force qui en eft caufe périt auffi. Voilà ce que penfoit Neuton fur la plûpart des queftions qui tiennent à la Métaphyfique; c'eft à vous à juger entre lui & Leibnitz.

FIN.

www.ingramcontent.com/pod-product-compliance
Lightning Source LLC
LaVergne TN
LVHW051458090426
835512LV00010B/2224